BEI GRIN MACHT SICH IHR
WISSEN BEZAHLT

Bibliografische Information der Deutschen Nationalbibliothek:

Die Deutsche Bibliothek verzeichnet diese Publikation in der Deutschen National-
bibliografie; detaillierte bibliografische Daten sind im Internet über http://dnb.d-
nb.de/ abrufbar.

Impressum:

Copyright © 2016 GRIN Verlag, Open Publishing GmbH
Druck und Bindung: Books on Demand GmbH, Norderstedt Germany
ISBN: 9783668506763

Dieses Buch bei GRIN:

http://www.grin.com/de/e-book/372046/exegese-der-bergpredigt-mt-7-15-20

T. Woodpecker

Exegese der Bergpredigt, Mt. 7,15 - 20

GRIN Verlag

Exegese Bergpredigt
Mt. 7,15-20

Inhaltsverzeichnis

1. Einleitung

1.1. Prämisse

Ich lebe als Kind einer Zeit in der jedem Menschen seine eigene Wahrheit zugestanden wird und es nicht als passend erscheint Anderen absolute Wahrheiten zu präsentieren. Vielleicht auch aufgrund dieser Grundlage bin ich von Haus aus ein Mensch, der viele Dinge hinterfragt und ungerne vorgefertigte Meinungen übernimmt. Diese Einstellung ist mit Sicherheit auch im Glaubensleben hilfreich, wo einem viele Meinungen begegnen. Dennoch gibt es wohl in dem Leben eines jeden Gläubigen Menschen die einen im Glauben geprägt haben, so auch bei mir. Ich habe dabei festgestellt, dass ich dazu neige den Menschen mehr Gehör zu schenken und auf ihre Worte zu hören, die mir sympathisch sind. Gerade in den ersten Jahren meines Glaubens hatte ich nicht sehr viel Wissen um das Wort Gottes und konnte deren Meinungen kaum überprüfen. Das Theologische Seminar hat mich dahingehend gefördert mündiger im Wort Gottes und somit auch in der Beurteilung von Aussagen einzelner Menschen zu werden. Gleichzeitig erschwert das Studium aber auch eine Meinungsfindung, da hier viele unterschiedliche Meinungen und Einstellungen zu Themen vorherrschen und nebeneinander gelebt werden.

1.2. Primäre Forschungsfrage

Wie können wahre Propheten von falschen Propheten (Irrlehrern) in der Gemeinde unterschieden werden?

1.3. Relevanz des Textes

Der Text aus Mt. 7,15-20 über die Warnung vor Irrlehrern oder falschen Propheten hatte nicht nur vor 2000 Jahren eine hohe Relevanz, sondern auch und gerade heute. Die europäische und westliche Gesellschaft zeichnet sich durch eine große Pluralität aus, in der verschiedene Ansichten, Meinungen und eben auch religiöse Vorstellungen nebeneinander existieren. Diese Vielschichtigkeit der Gesellschaft spiegelt sich auch in den vielen Formen von christlichen Gemeinschaften in Deutschland wieder. Gerade Freikirchen und charismatische Bewegungen erfahren in den letzten Jahren immer mehr Zulauf. Dabei entstehen nicht nur neue Gemeinden, sondern auch neue Gemeindeformen, die sich keiner bestehenden Kirche oder Bewegung zugehörig fühlen.

Für Menschen, die neu zum Glauben kommen oder jene, die aus den verschiedensten Gründen, z.B. einem Umzug, die Gemeinde wechseln, ist es daher notwendig sich mit der Lehre der neuen Gemeinde auseinander zu setzen und diese zu prüfen. Konfession und Denomination, sowie die Glaubensbekenntnisse, können hierbei helfen. Diese reichen jedoch nicht aus, da jede Gemeinde stark von ihren Mitgliedern, Mitarbeitern und vor allem von ihren Leitern geprägt wird. Ihr Glaubens- und Wortverständnis und die daraus resultierende Lehre haben in vielen Fällen einen weit größeren Einfluss als Gemeindeform und Glaubenssätze.

Aufgrund dieses großen Einflusses für die Gemeinde, aber auch für das persönliche geistliche Leben ist es daher wichtig, Aussagen von Gemeindeverantwortlichen zu prüfen. Christen müssen sich bewusst sein, dass es in einigen Gemeinden Pastoren und Leiter gibt, die zwar Gottes Wort predigen und lehren, im Inneren jedoch genauso verdorben sind wie die religiösen Gesetzeslehrer zu Zeit Jesu.

Auf diese Thematik von wahren und falschen Propheten geht Jesus in dem hier betrachteten Text aus Mt. 7,15-20 ein.

1.4. Abgrenzung

In dieser Ausarbeitung über Mt. 7,15-20 soll es primär um die Betrachtung der Möglichkeit zur Unterscheidung von wahren und falschen Propheten gehen.

Der Thematik des Textes entsprechend wäre es ebenfalls möglich sich damit auseinander zu setzen, was mit den Menschen geschieht, die im Text als falsche Propheten beschrieben werden. Dieser Themenkomplex würde jedoch den Umfang dieser Ausarbeitung überschreiten und zu weit weg von der definierten Forschungsfrage führen. Er sollte daher in einer eigenen Forschungsfrage aufgegriffen werden.

Ferner soll es in dieser Ausarbeitung auch nicht darum gehen, bestimmte Gemeinden oder Personen (z.B. Gemeindeleiter/ Pastoren) zu bewerten und ihr Handeln im Licht dieses Textes beurteilen.

Vielmehr soll der Leser selber darin befähigt und ermutigt werde, sich dem Thema zu stellen und Kriterien zu erkennen, anhand derer sich Irrlehrer/falsche Propheten erkennen lassen.

1.5. Forschungsstand zum Textabschnitt

Bei der Auswahl der Kommentare habe ich im Wesentlichen auf jene zurückgegriffen, die in ihrer Auslegung den historischen Kontext des Textes berücksichtigen und sich mit Übertragungen des Textes in die heutige Zeit und an den Hörer zurückhalten oder nicht beschreiben. Auch die Beschreibung des Textes im Kontext der Bergpredigt und das Zurückgreifen auf wichtige griechische Wörter waren ein Auswahlgrund. Daraus resultierend habe ich in meiner Ausarbeitung auf Kommentare aus den letzten 30 Jahren zurückgegriffen, wie z.B. HTA, ThHK oder EKK und im Gegenzug eher anwendungsorientierte Kommentare wie z.B. die Wuppertaler Studienbibel oder die Edition C nicht berücksichtigt.

2. Kontext

- **Unmittelbarer Zusammenhang & weiterer Zusammenhang**

Der Text aus Matthäus 7,15-20 steht am Ende der Bergpredigt. Der Text ist somit Teil der Schlusskomposition von Matthäus, die von Matthäus 7,13-23 reicht und mit dem Gleichnis vom Hausbau auf dem Felsen durch die Verse 24-27 abschließt. In diesem Abschnitt zeigt Jesus die zwei Wege auf, die es für einen Menschen gibt. Dabei kann dieser Schluss der Bergpredigt in vier Abschnitte unterteilt werden, die sich durch antithetische Gegenüberstellung ergeben. In den Versen 13-14 ist es der breite und der schmale Weg, im Abschnitt 15-20 die guten und schlechten Früchte, in den Versen 20-23 die Täter des Willen Gottes und Täter der Gesetzlosigkeit und in den Versen 24-27 das Haus auf dem felsigen und dem sandigen Fundament. Dieser Abschnitt könnte somit auch als abschließende Mahnungen zusammengefasst werden. Dem vorangestellt sind in der Bergpredigt von Kapitel 6,1 -7,12 Anweisungen zum Handeln eines Christen.[1]

- **Weiterer Buch- bzw. Briefkontext**

Die Kapitel 1-4 des Matthäusevangeliums setzen sich mit dem Leben Jesu Christi auseinander und seiner Person, als der Messias, der Sohn Gottes. Der Anspruch Jesu und die Annahme, dass Jesus der Sohn Gottes ist, ist notwendig, um den Worten Jesu und somit auch der Bergpredigt Autorität zu verleihen.

Im Anschluss an die Bergpredigt wird der Weg Jesu und sein Dienst weiter gezeichnet und in den Kapiteln 8-20 beschrieben. Dieser Dienst an den Menschen erreicht seinen Höhepunkt in der Passion Jesu welche im Matthäusevangelium in den Kapiteln 21-27 beschrieben ist.

---

[1] Vgl. U. Luz, Das Evangelium nach Matthäus, 1Teilband Mt 1-7, EKK, Zürich und Düsseldorf [4]1997, 394-395.

Da die Menschen immer wieder scheitern, wenn sie versuchen das Gesetz Gottes zu halten, brauchen sie die Erlösung durch das Kreuz. So bleibt auch das Matthäusevangelium nicht bei der Bergpredigt stehen, sondern führt weiter bis zur Passion.[2] Die Warnung vor und Auseinandersetzung mit falschen Propheten findet dabei auch im weiteren Verlauf des Matthäusevangeliums durch Jesus statt, so z.B. in Mt. 16,6 oder 24,11.24.[3]

- **Gesamtbiblischer Kontext**

Die Auseinandersetzung mit falschen Propheten ist nicht nur Gegenstand des hier betrachteten Textes, sondern wird immer wieder sowohl im Neuen als auch im Alten Testament behandelt. So warnt Gott sein Volk schon in Dtn. 13,3 davor, nicht auf falsche Propheten herein zu fallen. Auch Jeremia (Jer. 14,14) musste sich mit falschen Propheten auseinandersetzen, die das Volk verführten und ihnen nach dem Mund redeten, um sie für sich zu gewinnen. Im Neuen Testament klagt Jesus immer wieder die Pharisäer an, so z.B. in Mat. 23,25, wo er sie als „Heuchler" bezeichnet, deren Reden nach außen und Handeln im Verborgenen nicht zusammenpassen. Insgesamt warnt Jesus seine Jünger mehr als zehnmal davor, sich vor Leitern in Acht zu nehmen; die Menschen irreführen und die Wahrheit verdrehen (z.B. Mt. 7,15; 16,6; 24,4; Mk. 8,15; 12,38-40; Lk. 12,1; Lk. 17,23) Dass diese Warnung nötig war; zeigt sich z.b. im zweiten Brief des Paulus an die Korinther (2. Kor. 11,14-15). Hier warnt Paulus die Gemeinde noch einmal davor, dass sich die Diener des Teufels verstellen und nach außen wie Diener Gottes aussehen können, ebenso wie sich der Teufel selbst als Engel des Lichts verstellen kann.[4]

Die Betrachtung des Kontextes hat gezeigt das Jesus zum Ende der Bergpredigt hin ein Thema aufgreift welches dem Leser an vielen Stellen der Evangelien begegnet und sich vom Beginn des Alten Testamentes, bis zum Schluss des Neuen Testamentes in der Offenbarung erstreckt. Gerade am Ende der Tage, ist in der Offenbarung zu lesen wird das vermehrte Auftreten von falschen Propheten ein Zeichen für das nahende Gericht sein. Somit behalten die Mahnungen Jesu durch die Zeit hindurch bis in die Gegenwart ihre Relevanz.

3. Textschaubild Auswertung

Das nachfolgende Textschaubild gibt Aufschluss über den inhaltlichen und stilistischen Aufbau des Textes. So gestaltet sich Vers 15a als eine Überschrift, die das Thema der kommenden Verse definiert: „Die falschen Propheten", welche dann im zweiten Satzteil (15b) näher definiert werden. Um zu beschreiben, woran der falsche Prophet erkannt werden kann, benutzt Jesus die Metaphern von Baum und Frucht. Den Kern der Aussage stellt Jesus dem Gesagten voran - 16a: „An ihren Früchten werdet ihr sie erkennen" und schließt auch mit dieser Aussage in Vers 20, um die Bedeutung zu betonen. Um die Aufmerksamkeit des Hörers zu erhöhen, folgt nun eine Rhetorische Frage in Vers 16b, die ihren Bezug später noch einmal in Vers 18b findet. Dabei könnte es sich auch um ein damals geläufiges Sprichwort gehandelt haben,[5] welches Jesus nun in den Versen 17 und 18 selber noch einmal mit Inhalt füllt. Die Verse 17 und 18 sind dabei gleich aufgebaut und bilden in sich jeweils eine Antithese „guter Baum"/ „schlechter Baum" und zueinander in den Versen 17a und 18a sowie 17b und 18b einen Parallelismus „gute Früchte"/ nicht „böse Früchte". Durch diese Form der literarischen Mittel wird das Gesagte nicht nur verstärkt, sondern lässt sich auch leichter einprägen. Schließlich folgt mit Vers 19 noch die Konsequenz für die Bäume die „keine gute Frucht" bringen, die Jesus positiv mit jener Aussage in Vers 20 schließt, mit der er in Vers 16

---

[2] Vgl. G. Maier, Das Evangelium des Matthäus, 1-14, HTA, Witten 20015, 233.
[3] Vgl. Stamps Studien Bibel, Züricher Bibel, Fassung von 2007, Zürich 2007, 1760-1761.
[4] Vgl. Ebd., 1760-1761.
[5] Vgl. G. Maier, a.a.o., 420.

begonnen hat *„An ihren Früchten werdet ihr sie erkennen",* und sich somit die Klammer schließt.

Nachfolgend findet sich das Textschaubild unter Punkt 4.

4. Textschaubild

15a: *Nehmt euch in Acht vor den*

15b: *die in Schafskleidern zu euch kommen, aber inwendig sind sie* .

16a: *An ihren Früchten werdet ihr sie erkennen.*

16b: *Liest man etwa Trauben von den oder Feigen von den ?*

17b: *aber der schlechte Baum bringt böse Früchte.*

18b: *und ein schlechter Baum nicht gute Früchte.*

19: *Jeder Baum der Frucht bringt, wird abgehauen und ins Feuer geworfen.*

20: *An ihren Früchten werdet ihr sie erkennen.*

17a: *So bringt jeder gute Baum gute Früchte.*

18a: *Ein guter Baum kann nicht böse Früchte bringen*

5. Zusammenhangsexegese

Der Anfang der Bergpredigt steht im Zeichen der Zusage echten Lebens im kommenden Reich Gottes. An seinem Schluss beschreibt Jesus die Konsequenzen, die mit einer Entscheidung für das Reich Gottes einhergehen. Die Verse 15-20 aus Matthäus 7 zeigen dabei einen Maßstab auf, an dem erkannt werden kann, wer tatsächlich im Namen Jesu redet und handelt.[6]

Die Tatsache, dass sich Leute fälschlicher Weise als Propheten ausgeben und im Namen Jesu Autorität beanspruchen, dürfte wohl ein Problem in den matthäischen Gemeinden gewesen sein.[7]

I.   Mt. 7,15:   *Nehmt euch in Acht vor den falschen Propheten, die in Schafskleidern*
zu euch kommen, aber inwendig sind sie reißende Wölfe.

Der Vers 15 kann bei der Betrachtung des Abschnittes der Verse 15-20 als eine Art Überschrift betrachtet werden, die vor der Gefahr der falschen Propheten warnt. [8]

Betrachtet man den grammatikalischen Aufbau des Verses, so wird deutlich, dass sich die Jünger fortwährend und dauerhaft *„in Acht nehmen"* sollen.

Falschpropheten (ψευδοπροφηται): Die Bezeichnung stammt von „pseudoes" was falsch oder lügnerisch bedeuten kann. Das Wort ψευδοπροφηται wird dann gebraucht, wenn es eine Person bezeichnet, die vorgibt, Gottes Wort den Menschen vorzulegen und in Gottes Namen zu reden, sich die Botschaft aber als verlogen oder von Gott wegführend herausstellt.[9] Damit wird deutlich das unter einem falschen Propheten, wie Jesus in hier benennt mehr Personen zu verstehen als klassische Propheten im Sinne des Alten Testamentes.

Schon früh in der Geschichte Israels, zur Zeit Moses, traten Falschpropheten auf, die das Volk in die Irre führten. Über einen längeren Zeitraum waren diese Lügenpropheten sogar in der Überzahl. So ist z.B. in 1. Kön. 22,5ff von 400 falschen Propheten die Rede, die dem einen Propheten des Herrn, Micha, gegenüberstehen. Nach einer langen Zeit ohne Propheten in Israel (ab ca. 450 v. Chr.) treten ab der Zeit von Johanes dem Täufer und Jesus wieder vermehrt Propheten (falsche Propheten) auf. Schlussendlich findet sich die Warnung vor falschen Propheten auch immer wieder dort, wo im Neuen Testament von der Endzeit die Rede ist. [10]

Jesus hatte also aufgrund der aktuellen Lage, aber auch mit dem Blick auf die Endzeit, allen Grund vor den falschen Propheten zu warnen. Die Gemeinde wird hier von Jesus als Schafsherde beschrieben. In *„Schafskleidern"* erscheinen auch die falschen Propheten. Dies ist bildlich zu verstehen. Diese Leute sind Teil der Gemeinde und geben sich nach außen als solche. In Wahrheit sind sie aber *„reißende Wölfe"* (Vgl. Joh. 10,12; Apg. 20,29f), die dem Widersacher angehören und deren Ziel es ist, die Gemeinde zu zerstören. Dort, wo der Wolf eine Herde Schafe angreift, wird die Herde zerstreut und verängstigt. Diese Ziele, Tod, Zerstörung, Zerstreuung und Verängstigung der Gemeinde, verfolgt auch der Teufel.[11]

Christen können diese *„falschen Propheten"* jedoch erkennen, wie Jesus nun in den folgenden Versen anhand vom Baum und seiner Frucht deutlich macht.

II.   Mt. 7,16:   *An ihren Früchten werdet ihr sie erkennen. Liest man etwa Trauben*
von den Dornen oder Feigen von den Disteln?

---

[6] Vgl. W. Klaiber, Das Matthäusevangelium, Teilband 1: Mt 1,1-16,20, Neukirchen-Vluyn 2015, 146-147.
[7] Vgl. Ebd., 148.
[8] Vgl. Ebd., 149.
[9] Elberfelder Studienbibel, mit Sprachschlüssel und Handkonkordanz, Witten [6]2009, 1041.
[10] Vgl. G. Maier, Das Evangelium des Matthäus, Kapitel 1-14, Witten 2015, 415.
[11] Vgl. W. Grundmann, Das Evangelium nach Matthäus, THN, Berlin 1968, 232.

Dieses Bild des Baumes und der Frucht wird dabei auf zweierlei Art dargestellt. Zum einen kann man von der Art der Frucht, wie hier in Vers 16 beschrieben, auf den Baum schließen. So geben Dornen oder Disteln keine Feigen. Und zweitens kann man von der Qualität der Frucht auf die Qualität des Baumes schließen (siehe Vers 17). [12]

Wie bei einem Baum, so zeigt sich auch das wahre Wesen des Propheten an seinen Früchten, egal wie er sich sonst gibt. Diese Tatsache ist für Jesus das entscheidende Erkennungszeichen. Wichtig ist dabei, zu beachten, dass Jesus sagt, dass auch die falschen Propheten Früchte, also Ergebnisse ihres Lebens und Wirkens, vorzeigen können. Diese Ergebnisse sind jedoch nicht im Willen Gottes, egal wie schillernd, hochgeschätzt oder religiös sie auch sein mögen. Das Bild des Menschen als Baum oder Pflanze findet sich dabei nicht nur bei Jesus, sondern immer wieder in der Bibel so z.B. in Ps. 1,3: *„Der ist wie ein Baum, gepflanzt an den Wasserbächen, der seine Frucht bringt zu seiner Zeit, ... "*

Das griechische Wort *„erkennen"* ἐπιγινώσκω an dieser Stelle drückt dabei ein „intensives erkennen" oder auch ein „durch und durch erkennen" aus. Um etwas genau zu erkennen, ist es folglich zunächst nötig die Dinge auch genau zu prüfen. Die Tatsache, dass Jesus an dieser Stelle das Futur gebracht: *„ihr werdet erkennen"* macht noch einmal deutlich, dass diese Aussage Jesu allgemeingültig für die Zukunft zu verstehen ist und sich wohl nicht an eine konkrete Situation oder Person zu seiner Zeit richtet. Auch scheint es so, als ob Jesus diese Zeichen als sehr sicher einschätzt, so dass sie niemand übersehen kann, wenn er den Vergleich mit *„Trauben von den Dornen oder Feigen von den Disteln?"* anbringt. Möglich wäre nach der Meinung von Gerd Maier und Davies-Allison auch, dass Jesus hier ein damals gebräuchliches Sprichwort aufgreift, da sich ähnliche Formulierungen mit dem gleichen Grundgedanken auch in Lk. 6,44 und Jak. 3,12 finden lassen.

Fest steht auf jeden Fall die Aussage, dass ein falscher Prophet an seinem Lebenswandel zu erkennen ist. Dies bedarf jedoch Zeit und ist in den meisten Fällen nicht sofort zu erkennen. Denn nicht an den Blättern des Baumes wird man es sehen, sondern erst an den Früchten und diese müssen wachsen. Dass aus etwas Schlechtem keine gute Frucht entstehen kann, wird in Vers 18 dann auch noch einmal mit dem Bild vom Baum und der Frucht von Jesus beschrieben.

Offen bleibt an dieser Stelle jedoch die Frage, wie ein falscher Prophet nun konkret zu erkennen ist. [13]

III. Mt. 7,17: *So bringt jeder gute Baum gute Früchte, aber der schlechte Baum bringt böse Früchte.*

Mit den Versen 17-20 verdeutlicht Jesus das Gesagte aus Vers 16 noch einmal und erklärt es. War zuvor nur von den schlechten Früchten die Rede, wird das Bild nun um den guten Baum und die guten Früchte ergänzt. Eine Parallele findet dieser Vers in Lk. 6,43, wo Jesus mit nur wenig veränderten Worten dasselbe sagt. [14]

Die Ausdrücke von *„gut"* und *„böse"* sind eindeutig ethisch geprägt und lassen den Hörer sofort an die Taten von Menschen denken. [15]

Dieses Bild, welches Jesus hier in Vers 17-18 verwendet, könnte jedoch eventuell zu der falschen Annahme führen, dass der Mensch aufgrund seiner „Natur" dahingehend festgelegt ist, ob er gute oder schlechte Frucht bringt. [16]

Ein solcher Gedanke ist hier jedoch sicher nicht zu implizieren und würde den sonstigen Aussagen Jesu widersprechen, wenn es z.B. in Joh 3,16 heißt: „... *damit alle, die an ihn glauben, nicht verloren werden, sondern das ewige Leben haben. "*

---

[12] Vgl. W. Klaiber, a.a.o., 149.
[13] Vgl. G. Maier, a.a.o., 418-419.
[14] Vgl. G. Maier, a.a.o., 420.
[15] Vgl. U. Luz, Das Evangelium nach Matthäus, Mt. 1-7, EKK, Zürich und Düsseldorf [4]1994, 405.
[16] Vgl. J. Gnilka, Das Matthäusevangelium, I. Teil, Freiburg im Breisgau 1986, 275.

IV.   Mt. 7,18:   *Ein guter Baum kann nicht böse Früchte bringen und ein schlechter Baum nicht gute Früchte.*

Der Inhalt von Vers 17 und 18 ist nahezu identisch, im Detail jedoch verschieden. Er verdeutlicht noch einmal, dass aus einem guten Baum/ einem guten Menschen keine böse Frucht kommen *„kann"* und umgekehrt nichts Gutes aus einem bösen Baum. Auch im Gleichnis vom Weinstock und der Rebe in Joh. 15,5 wird deutlich, dass die, die in Christus sind, gute Frucht bringen werden. Die Vorführung mit der Konsequenz all jener, die nicht in Jesus sind/ nicht der gute Baum sind, findet sich sowohl in Joh. 15,6 als auch im nächsten Vers.[17]

V.   Mt. 7,19:   *Jeder Baum der keine gute Frucht bringt, wird abgehauen und ins Feuer geworfen.*

In Vers 19 folgt nun die Warnung und das Gerichtswort über all jene, die falsche Propheten sind. Das Wort kann aber im Grunde auch allgemein verstanden für alle Gottlosen gelten. Diese Aussage Jesu ist dabei genau gleich mit jener von Johannes dem Täufer in Mt. 3,10. Aufgrund dieser Tatsache kommen einige Kommentare zu dem Schluss, dass diese Gleichheit nur durch die redaktionelle Arbeit von Matthäus zu Stande kommen kann und folglich diese Aussage keine Aussage Jesu ist. Eher angenommen werden darf aber die Tatsache, dass Jesus bewusst mit diesen Worten an die Predigt des Johannes erinnern will. Auch in Mt. 4,17 greift Jesus die Worte Johannes´ aus Kapitel 3,2 auf, wenn er sagt: *„Tut Buße, denn das Himmelreich ist nahe herbeigekommen!"*[18]
Beachtung verdient zu dem noch das Wort *„abgehauen"* (ἐκκόπτεται), denn es muss auch mit Blick auf Mt. 3,10 als heraushauen mit samt allen Wurzeln verstanden werden, also der vollständigen Vernichtung der Person. Zusammen mit dem Bezug zum Feuer ist damit hier das endgültige Gericht Gottes über die falschen Propheten gemeint.[19]
Jesus beendet seine Aussage über die falschen Propheten jedoch nicht mit diesem Aspekt des Gerichts, sondern greift den Beginn seiner Aussage in Vers 20 noch einmal auf.

VI.   Mt. 7,20:   *An ihren Früchten werdet ihr sie erkennen.*

Mit Mt. 7,20 beendet Jesus diese Rede exakt, wie er sie auch begonnen hat. Damit macht er auch noch einmal deutlich, was für ihn die Essenz dessen ist, was er gesagt hat.[20]
Da Jesus bis zum Schluss in seinem Bild bleibt, fällt es schwer die falschen Propheten in ihrem Wirken und Wollen zu erfassen. So stellte auch ihre Entlarvung stets eine Herausforderung dar. Für Paulus bedurfte es folglich einer Gabe des Geistes (Charisma) zur „Unterscheidung der Geister".[21]
Die Schlussfolgerungen aus der Versexegese werden im Folgenden unter Punkt 6 und 7 näher betrachtet und ausgewertet.

6. Darstellung der exegetischen Ergebnisse

Nach der Auseinandersetzung mit dem Text in der Exegese unter Punkt 5 gilt es nun, die unter Punkt 1.2 formulierte Frage noch einmal näher zu betrachten und auf Grundlage des

---

[17] Vgl. G. Maier, a.a.o., 420.
[18] Vgl. G. Maier, a.a.o., 420.
[19] Vgl. G. Maier, a.a.o., 420.
[20] Vgl. G. Maier, a.a.o., 421.
[21] Vgl. J. Gnilka, a.a.o., 275.

Textes zu beantworten.

Die Fragestellung lautete hierbei:

Wie können wahre Propheten von falschen Propheten (Irrlehrern) in der Gemeinde unterschieden werden?

Die Exegese hat zunächst gezeigt, dass Jesus davon ausgeht, dass es Propheten gibt und geben wird. Das vermehrte Auftreten der *falschen Propheten* gilt zudem als Zeichen der Endzeit. Aus Vers 15b zeigt sich, dass die falschen Propheten zunächst Teil der sichtbaren Gemeinde auf Erden sind. Mit dem Bild vom Wolf im Schafspelz legt Jesus den Fokus hier klar auf falsche Propheten aus den eigenen Reihen und nicht auf solche, die öffentlich zu fremden Göttern beten.

Jesus sagt sowohl in Vers 16 als auch in Vers 20, dass falsche Propheten erkannt werden und zwar *„an ihren Früchten"*. Je nach Alter des Baumes, dessen Art und der Jahreszeit lässt sich an einem Baum feststellen ob und, wenn ja, welche Früchte er trägt. Überträgt man dieses Bild, sagt Jesus aus, dass sich falsche Propheten mit der Zeit offenbaren werden. Sie sind nicht immer und nicht zu jeder Zeit gleich zu erkennen und können den Menschen oder die Gemeinden zunächst täuschen. Auf Dauer ist dies jedoch nicht möglich. Denn *„ein schlechter Baum bringt nicht gute Früchte"*. Der falsche Prophet kann am Ende sein wahres Ich nicht verbergen. Egal, wie er sich auch geben mag, und was er sagen mag, die Ergebnisse dessen werden zeigen, wer er ist. Die Tatsache, dass sie erkannt werden, scheint zudem keine Möglichkeit, sondern nach Jesus eine Tatsache, wenn es in Vers 16 heißt: *„werdet ihr sie erkennen"* oder in Vers 18 *„ein schlechter Baum [kann] nicht gute Früchte [bringen]"*. Anzumerken sei hier jedoch noch die Aussage von Paulus, nach dem die Erkenntnis wahrer und falscher Prophetie eine spezielle Gabe des Geistes ist und somit vielleicht nicht jedem Menschen in der gleichen Art und Weise möglich ist.

- **Systematisch Theologische Thesen**

  1. Falsche Propheten sind Teil der sichtbaren christlichen Gemeinde (V.15b)
  2. Falsche Propheten werden an dem Ergebnis ihres Redens und Handelns sichtbar (V. 16a; 20)
  3. Es gibt nur wahre oder falsche Propheten und nichts dazwischen (gut/böse) (V. 17/18)
  4. Gott bestraft die falschen Propheten (V. 19)
  5. Falsche Propheten werden mitunter erst nach einiger Zeit offenbar (*schlechte Baum* **bringt** *böse Früchte* (V.17)
  6. Jeder Prophet bringt Frucht, entweder gute oder schlechte (V. 17/18)

7. Übertragung

- **Schlussfolgerungen für die Gemeinde**

Durch die Exegese von Matthäus 7,15-20 ergeben sich wichtige praktische Erkenntnis für die Arbeit in der Gemeinde und die Rolle des Gemeindeleiters. So ist es die Aufgabe der Gemeinde als Ganzes, aber auch jedes Gemeindemitgliedes oder Leiters, zu prüfen ob das, was verkündigt wird, auch wirklich *„Frucht"* bringt. Beispiele hierfür können sein, dass der Lebenswandel eines Menschen und das Gesagte nicht übereinstimmen, aber auch, dass im Sinne der klassischen Prophetie im Namen Gottes vorhergesagte Ereignisse nicht eintreffen. Richten wird diese falschen Propheten oder Leiter Gott selber. Das Richten ist nicht Aufgabe des Menschen, aber er muss wachsam sein, um sich nicht verführen zu lassen. Das Bild vom Wolf im Schafspelz zeigt, dass die genaue Prüfung von Dingen, die ein Menschen im Namen des Herrn verkündigt oder meint zu verkündigen, kein Zeichen des Unglaubens, ist, sondern Aufgabe eines jeden Christen. Andernfalls kann es durch falsche Prophetie oder Lehre zum

Abfall vom Glauben einzelner Christen kommen oder zur Spaltung ganzer Gemeinden, so wie auch der Wolf Furcht unter der Herde verbreitet und sie spaltet, wenn er sichtbar wird. Hilfreich ist es hierbei, wenn die Gemeinde nicht in der Abhängigkeit einer Person existiert, von der sie durch Lehre und Predigt autoritär geführt und geprägt wird. Es ist wichtig, dass es in der Gemeinde Menschen und Strukturen gibt, die die Leitungspersonen hinterfragen und prüfen dürfen und geistlich dazu auch fähig sind.

- **Schlussfolgerungen für Gemeindeleiter**

Für den Leiter einer Gemeinde, den Prediger oder sonstige Personen in Leitungspositionen gilt es, stets genau zu prüfen aus wessen Geist heraus ihre Worte kommen und welche Beweggründe dahinterstecken. Gerade dann, wenn die Predigt Menschen begeistert oder die Gemeinde aufgrund guter Leitung und Entscheidungen wächst, besteht die Gefahr, dass sich Leiter mehr auf sich selber verlassen und damit gleichzeitig die Abhängigkeit von Gott verlassen. Der Erfolg führt dann zur Selbstüberschätzung und das Handeln und Reden wird dann nicht mehr nach dem Willen Gottes ausgerichtet, sondern nach dem was die Menschen hören wollen oder was schnellen Erfolg verspricht. Der Satan versucht hier das gute Werk, die gute Frucht zu verderben.

Dabei haben Leitungspersonen nicht nur Verantwortung für sich selber, sondern auch für die Gemeinde und müssen in diesem Sinne auch in besonderem Maße vor Gott Rechenschaft ablegen.

8. Literaturverzeichnis

- **Bücher:**

Elberfelder Studienbibel. Mit Sprachschlüssel und Handkonkurdanz. Witten: SCM
    R. Brockhaus, 62009.

Gnilka, J.: Das Matthäusevangelium. Erster Teil. in: Wikenhauser, A., A. Vögtle, R.
    Schnackenburg (Hg.): Theologischer Handkommentar zum NT. Berlin: Verlag Herder
    Freiburg im Braisgau, 1986.

Grundmann W.: 1. Das Evangelium nach Matthäus. Fascher E., J. Rohde, C. Wolff (Hg.):
    ThHK, Berlin: Evangelische Verlagsanstalt GmbH. ⁵1981.

Maier G.: Das Evangelium des Matthäus. Kapitel 1-14. Maier G., R.Riesner u. H. Neudeorfer
    (Hg.): HTA, Witten: CSM R.Brockhaus, 2015.

Klaiber, W.: Das Matthäusevangelium. Teilband 1: 1,1-16,20. in: W. Klaiber (Hg.): Die
    Botschaft des Neuen Testamentes. Neukirchen-Vluyn: Neukirchener
    Vertragsgesellschaft, 2015.

Luz, U.: Das Evangelium nach Matthäus. 1. Teilband. Mt 1-7. in: N. Brox. J. Gnilka. U. Luz
    (Hg.): EKK. Benzinger Verlag AG: Zürisch und Düsseldorf, ⁴1997.

Züricher Bibel. Fassung von 2007. Zürich: Züricher Bibel/Theologischer Verlag Zürich,2007.